Abendland

Herausgegeben von Danielle Föllmi
Fotografiert von Olivier Föllmi

DIE WEISHEIT DER WELT

Abendland

DANIELLE & OLIVIER FÖLLMI

Mit einem Vorwort von Enzo Bianchi und unter Mitarbeit von Céline Anger
Aus dem Französischen von Maike und Stephan Schuhmacher

Alain, Vicente Aleixandre, Angelus Silesius, Hannah Arendt, Athenagoras I (Patriarch von Konstantinopel), Augustinus, Balthus, René Beriavel, Georges Bernanos, Bernhard von Chartres, Bernhard von Clairvaux, Enzo Bianchi, Die Bibel, William Blake, Niels Bohr, Italo Calvino, Patrick Chamoiseau, Joseph Conrad, Erklärung der Menschen- und Bürgerrechte (1789), Erri De Luca, René Descartes, Denis Diderot, Fjodor Dostojewski, Meister Eckhart, Umberto Eco, Die Edda, Albert Einstein, Schwester Emmanuelle, Epiktet, Jean Favier, Fontenelle, Franz von Assisi, Édouard Glissant, Johann Wolfgang von Goethe, Remy de Gourmont, Guigo von Castel, Edward T. Hall, Jeanne Hersch, Friedrich Hölderlin, Victor Hugo, Edmund Husserl, Henrik Ibsen, Vladimir Jenkélévitch, Immanuel Kant, Jean-Marie Kerwich, Søren Kierkegaard, Milan Kundera, Alphonse de Lamartine, Marceline Loridan, Martin Luther King, André Malraux, Karl Marx, Meleagros von Gadara, Yehudi Menuhin, Michel de Montaigne, Edgar Morin, Friedrich Nietzsche, Pascal, Jean-Marie Pelt, Fernando Pessoa, Plotin, Ilya Prigogine, François Rabelais, Paul Ricœr, Rainer Maria Rilke, Jean Rostand, Antoine de Saint-Exupéry, José Saramago, Victor Schoelcher, Michel Serres, William Shakespeare, Sokrates, Alexander Solschenizyn, Sophokles, Baruch de Spinoza, Stendhal, Talleyrand, Theresa von Avila, Thomas von Aquin, Vergil, Voltaire, Simone Weil, Elie Wiesel, William Wordsworth

KNESEBECK

Okzident ist das Land des occasus, des Sonnenuntergangs im Westen, und deshalb das Land der Hoffnung. Es ist das Abendland, vor allem der Mittelmeerraum, der die Hoffnung genährt hat. Seit Heraklit bis in die heutige Zeit klingt die Frage »Was kann ich erhoffen?« mehr als alle anderen im Herzen der Menschen des Okzidents, und mit ihr erneuert sich von Zeitalter zu Zeitalter die Suche nach Sinn, Orientierung, nach einem Selbstbild und der Zukunft.

Wir leben in einer Epoche, die im Zeichen der »Krise« und manchmal des »Endes« steht: Ende der abendländischen Zivilisation (Jacques Derrida), Ende der Moderne (Jean-François Lyotard), Ende der Christenheit (Marie-Dominique Chenu) … Unsere Epoche ist zweifellos charakterisiert durch die Ungewissheit der Gegenwart und die Unsicherheit der Zukunft, aber die Hoffnung oder vielmehr die Hoffnungen erneuern sich immer wieder, und der Mensch ist somit gefordert, das zu erneuern, was alt erscheint, und das wieder zum Leben zu erwecken, was dem Tod nah zu sein scheint. Ja, die Hoffnung. Sie ist weder ein stumpfer und blinder Optimismus noch eine Ideologie und noch weniger ein Vorsehungsglaube, dem zufolge alles früher oder später ein gutes Ende nehmen und in die richtige Richtung gehen wird. Diese Hoffnung ist eher eine Erwartungshaltung im Alltag, ein Vertrauen in die Menschheit, ein Gefühl, das dort entsteht, wo man vom »Ich« zum »Wir« übergeht, wo es gegenseitiges Zuhören gibt, Solidarität, Kommunikation, Dialog und daher eine Gemeinschaft der Gläubigen. Die Hoffnung wird immer und nur aus lebendigen Beziehungen geboren, die auf ein »Wir« ausgerichtet sind, und sie kreist um das Streben, zusammen eine Gemeinschaft auf der Erde zu bilden, die durch ein besseres Miteinander gekennzeichnet ist.

Die Humanisierung – jener Weg, auf dem der Mensch seine Lebensqualität verbessert, die Erde besser bewohnt und mit allen Geschöpfen und dem ganzen Kosmos auf solidarische und bewusste Weise zusammenlebt – hängt viel von den Hoffnungen ab, welche die Menschen zu hegen vermögen: »Allen Widrigkeiten zum Trotz hoffen« ist ihre wahre Stärke. Der Pilger, der Nomade und der Fremde sind besonders darin geübt zu hoffen, denn derjenige, der sich auf dem Weg und auf der Suche befindet, verspürt in sich den Ruf zu einer tiefen Innerlichkeit. Es gibt tatsächlich in jedem von uns eine Stimme, die uns wie im Apollo-Tempel zu Delphi zuruft: Gnothi seautón, »Erkenne dich selbst!«, eine Stimme, die uns mahnt: Lech lecka, »Gehe zu dir selbst«, wie Gott Abraham ermahnt hat. Um auf diesem Weg der Humanisierung Erfolg zu haben, muss man »lauschen«, ein Verb, das ebenfalls für das Abendland charakteristisch ist. Der Erde lauschen, dem Himmel lauschen, dem Meer lauschen, den Männern und Frauen lauschen, ihren Geschichten, ihren Gesichtern … Lauschen und schauen, in innerer geistiger Versenkung betrachten. Auf diese Weise entsteht das Wissen: Die Meister des Okzidents der letzten drei Jahrtausende haben gelauscht und kontempliert und von dem gesprochen, was sie gehört und gesehen haben.

Ihre Worte finden sich auf den Seiten dieses Buches, harmonisch begleitet von Fotografien: Durch diesen Band zu streifen ist, als würde man »neue« Horizonte erblicken, und sie sind für uns gerade deshalb neu, weil sie so alt sind. Neu in Bezug auf unsere tägliche Situation, neu, weil sie die Träger einer neuen Sichtweise der Dinge sind, neu, weil sie in unserem Leben Neues hervorzurufen vermögen.

Alt sind sie indessen auch, denn diese Horizonte eröffneten sich seit je dem klaren Blick, dem inneren Auge, das weiter zu sehen vermag und wahrnimmt, was im Grunde die brennenden Fragen in einem selbst und in anderen sind. Die vorliegenden Seiten sind zum Großteil vom Christentum geprägt, aber nicht nur, denn die Geschichte des Abendlandes ist vielstimmig. Ihre Wurzeln gründen in der Ethik griechischer Tugenden, der Weltanschauung des Römischen Reiches und im Christentum – teils aber auch in der konfliktreichen Konfrontation mit Judentum und Islam, teils in den Spannungen oder Brüchen innerhalb der eigenen Reihen – in der Rezeption der persischen Illuminationsphilosophie und in der Moderne. Die hier versammelten Stimmen sind Zeugnisse dieser fruchtbaren Verflechtung, welche die Hoffnung wecken kann. Als tägliches Gegenmittel gegen die Verdrängung der Innerlichkeit, als Anregung zur Formulierung einer Frage, als Augenblick des nachdenklichen Innehaltens, als Gelegenheit, Augen und Herz zu bislang undenkbaren Horizonten hin zu öffnen, verbessert dieses Buch unsere Beziehung zu unserer Erde und zu unserer Menschlichkeit. Ja, der Okzident ist die Gegend, in der die Sonne untergeht, aber das weise Herz weiß, dass kein Sonnenuntergang das Ende bedeutet, sondern immer die Morgenröte einer neuen Welt ist, neuer Männer und Frauen, anderer Erwartungshaltungen und anderer Hoffnungen: »Da ward aus Abend und Morgen der erste Tag.« (Genesis 1,5) Jeder Sonnenuntergang birgt bereits den Anfang eines neuen Tages in sich – für jeden Einzelnen von uns.

Enzo Bianchi, Italienischer Theologe, Gründer und Prior des Klosters Bose im Piemont, Italien

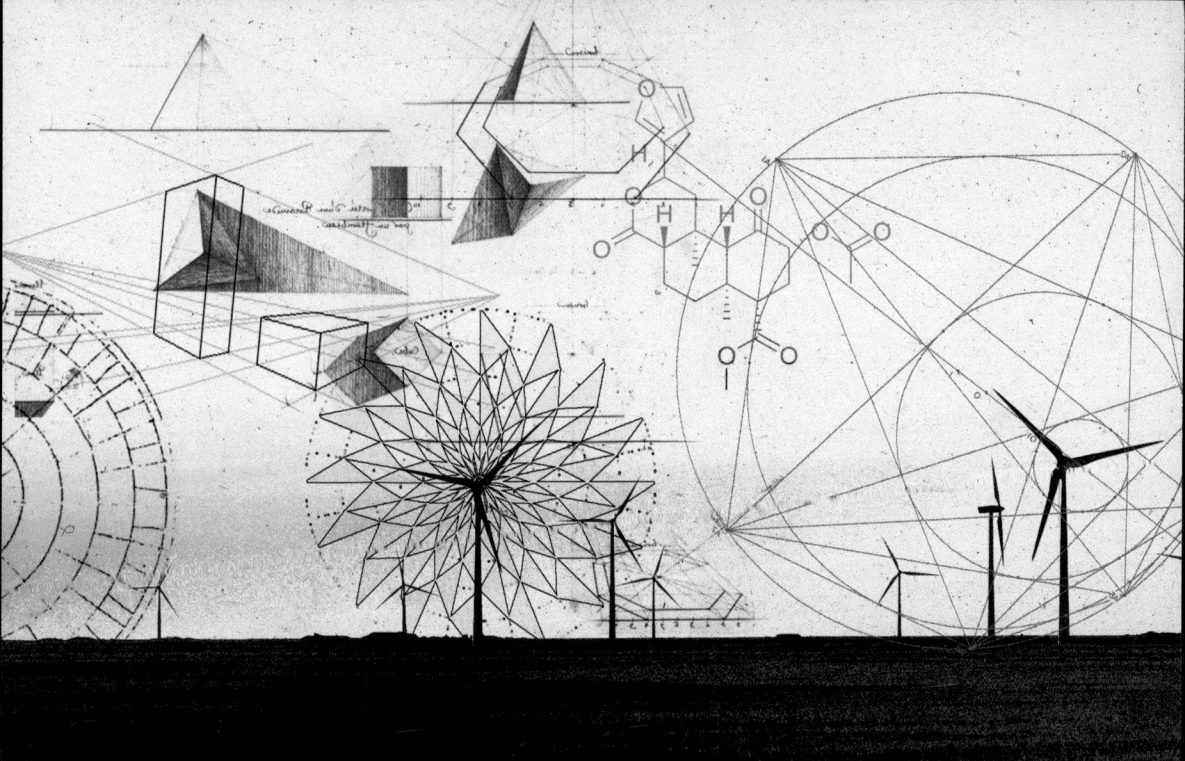

WAS WEISS ICH?

WOHER KOMME ICH?

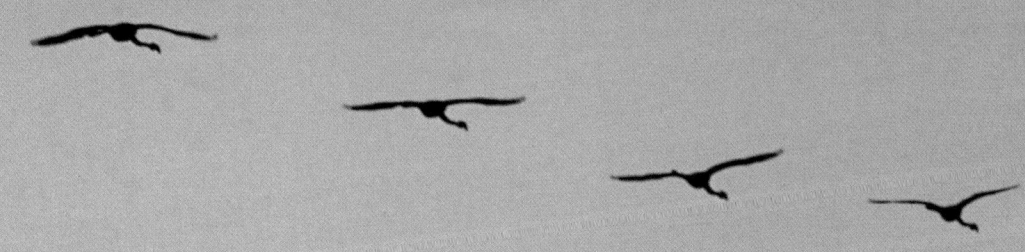

Einst war das Alter, da Alles nicht war,

Nicht Sand noch See noch salzige Wellen,

Nicht Erde fand sich noch Überhimmel,

Gähnender Abgrund und Gras nirgends.

Edda

Fumarolen im vulkanischen Gebiet von Leirhnjukur im Norden Islands

In dem Anfang
hoch über dem Begriff
ist stets das Wort.
Reicher Hort, in dem
stets Anfang Anfang gebar!

Meister Eckhart (um 1260–1327)

Frühling in Ferreirola in Andalusien, Spanien

Die einzige Heimat, o Fremder,

ist die Welt, die wir bewohnen;

ein einziges Chaos

hat all die Sterblichen geboren.

Meleagros von Gadara (160–140 v. Chr.)

Die Kirche Santa Maria del Fiore, die Kathedrale von Florenz (Il Duomo), bezaubert jedes Jahr Millionen von Besuchern. Italien

Der Horizont macht den Menschen aus: jener der Ströme und jener der Bergkämme, jener, den man sieht, und jener, den man erahnt, jener der Bodenständigkeit und jener des Traumes. Der Horizont offenbart jedem den Maßstab und die Grenze seiner Bedürfnisse und seiner Fähigkeiten. Es gibt einen Horizont, den man akzeptiert, und einen, der zurückweicht. Der eine ist fruchtlos, und er existiert. Der andere ist lediglich eine Vorstellung, und er ist fruchtbar. Der eine und der andere besitzen die Relativität des Geistes und des Augenblicks.

Jean Favier (geb. 1932)

Überquerung des Gipfels von Croisse-Baulet (2236 Meter) in der Aravis-Kette, Frankreich

Man muss mit dem Anfang beginnen.
Und der Anfang von allem ist der Mut.

Vladimir Jankélévitch (1903–1985)

Assisi, Geburtsort und Todesstätte von Franz von Assisi, dem Gründer des Franziskanerordens,
der im Jahre 1228 kanonisiert wurde. Italien

Ist das Leben nicht ein Eröffnungsgeschenk?

Paul Ricoeur (1913–2005)

Sofie, eineinhalb Jahre alt, während ihrer ersten Reise außerhalb Tschechiens

Um hier und jetzt jemand zu sein, muss man darauf verzichten,
ein anderer oder woanders oder später zu sein.

Vladimir Jankélévitch (1903–1985)

Almwiesen in der Nähe von Charmey, einem ursprünglichen Bergdorf im schweizerischen Gruyère,
umgeben von außergewöhnlichen Bergen

Nichts macht mehr Sinn, als die Richtung zu wechseln.

Michel Serres (geb. 1930)

Auf dem See von Bourget, Frankreich

Alles geht, Alles kommt zurück;
ewig rollt das Rad des Seins.
Alles stirbt, Alles blüht wieder auf,
ewig läuft das Jahr des Seins.

Friedrich Nietzsche (1844–1900)

Ländlicher Zauber in der Toskana, Italien

Was weiß ich?

Michel de Montaigne (1533–1592)

Eingangstür zu den Thermen von Aix-les-Bains, die den reichen Prunk vergangener Zeiten tragen. Frankreich

ERKENNE DICH SELBST

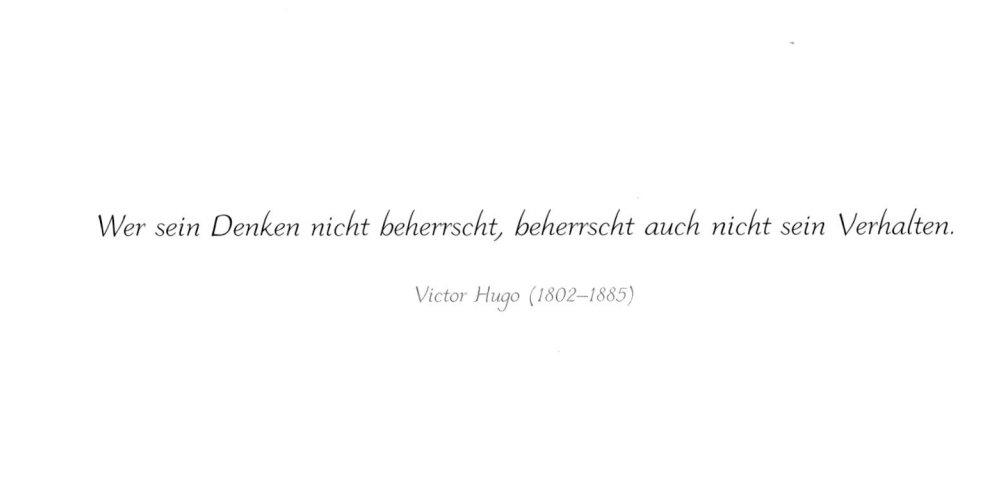

Wer sein Denken nicht beherrscht, beherrscht auch nicht sein Verhalten.

Victor Hugo (1802–1885)

Die Highland Games, die traditionellen sportlichen Wettkämpfe Schottlands, sind mehr als 900 Jahre alt. Großbritannien

Wissenschaft ohne Gewissen ist der Ruin der Seele.

François Rabelais (zwischen 1483 und 1494–1553)

Pater Thomas in der größten Klosterbibliothek der Welt in der Benediktinerabtei von Admont, die sowohl kostbare als auch seltene Bücher beherbergt. Österreich

»Sapere aude!
Habe Mut, dich deines eigenen Verstandes zu bedienen!«
ist also der Wahlspruch der Aufklärung.

Immanuel Kant (1724–1804)

Ermoúpolis, größte Stadt auf der Insel Syros, wo der erste Streik in der Geschichte Griechenlands ausbrach.

Zwei Übertreibungen: die Vernunft ausschließen, nur die Vernunft zulassen.

Blaise Pascal (1623–1662)

Im Dorf Lefkes auf der Insel Paros, Griechenland

Ich denke, also bin ich.

René Descartes (1596–1650)

In Krakau während der Trauerfeier zum Tod von Papst Johannes Paul II., die vor mehr als einer Million Menschen abgehalten wurde. Polen

Sein oder Nichtsein, das ist hier die Frage.

William Shakespeare (1564–1616)

Im Inneren des Benediktinerklosters in der Kathedrale von Monreale auf Sizilien, Italien

Erkenne dich selbst.

Sokrates (470–399 v. Chr.)

Alexandre, 35 Jahre, Rechtsanwalt und Sportmanager, Schweiz

Ich weiß, dass ich nichts weiß.

Sokrates (470–399 v. Chr.)

An den Abhängen des Vulkans Hnausapollur auf Island

Bedenkt, dass alle die Wunder, Objekte eurer Studien, das Werk von mehreren Generationen sind, ein kollektives Werk, das von allen eine begeisternde Anstrengung und eine gewisse Mühe erforderte. All dies wird in euren Händen zum Erbe. Ihr bekommt es, ihr respektiert es, ihr vergrößert es, und später übertragt ihr es treu an eure Nachkommenschaft. So sind wir Sterbliche Unsterbliche, weil wir zusammen Werke schaffen, die uns überleben.

Albert Einstein (1879–1955)

Die Gärten der Abtei von Fontenay, eines der ältesten Zisterzienserklöster Europas und ein Meisterwerk romanischer Baukunst, Frankreich

Die Wahrheit ist eine Illusion, und die Illusion ist eine Wahrheit.

Rémy de Gourmont (1858–1915)

Dieses Zeugnis für einen urbanen Surrealismus in der Rue George V, 39, in Paris ist das Werk des Künstlers Pierre Delavie, der in seiner Arbeit die Realität verzerren will, Frankreich.

Und sowenig es jemanden gibt, der nicht glücklich sein möchte,
gibt es jemanden, der nicht sein möchte.
Denn wie könnte einer glücklich sein, wenn er ein Nichts ist?

Augustinus (354–430)

Brigita, 72 Jahre, in Venedig ist voller Vorfreude auf die Rückkehr in ihr Dorf in Rumänien.

Die Lyrik ist eine Trunkenheit, und der Mensch berauscht sich an ihr,

um sich leichter mit der Welt auszutauschen.

Milan Kundera (geb. 1929)

Die Kykladen-Insel Kea, Griechenland

Sie können, weil sie daran glauben, dass sie können.

Virgil (um 70–19 v. Chr.)

Der erste Klettersteig – die Via Ferrata in den Dolomiten – wurde von italienischen Soldaten zur Überwachung der Grenze angelegt. Italien

Das Verlangen bringt den Gedanken hervor.

Plotin (205–270)

Zurück aus der Schule in Thônes, zeichnet die fünfjährige Lana stolz ihrer Mutter auf, was sie dort gelernt hat. Frankreich

Täglich geh' ich heraus und such' ein Anderes immer.

Friedrich Hölderlin (1770–1843)

In Nordfriesland versteht man es seit Jahrhunderten, das Land dank raffinierter Deiche
vor den gewaltigen Gezeiten zu bewahren. Deutschland

Nur in der Vorstellungskraft des Menschen findet jede Wahrheit ein reales und unleugbares Dasein. Die Vorstellungskraft, nicht die Erfindung ist die höchste Meisterin der Kunst und des Lebens.

Joseph Conrad (1857–1924)

Das Treppenhaus im Inneren des Zisterzienserklosters von Stams, das zu den schönsten historischen Baudenkmälern im Barockstil in Österreich zählt.

Zwei Dinge erfüllen das Gemüt mit immer neuer und zunehmender Bewunderung und Ehrfurcht, je öfter und anhaltender sich das Nachdenken damit beschäftigt: Der bestirnte Himmel über mir und das moralische Gesetz in mir.

Immanuel Kant (1724–1804)

Die Nordseeküste von Nordfriesland ist ein beliebtes Gebiet für ruhige Ferien in geschützter Natur. Deutschland

Es gibt keine Normen. Alle Menschen sind Ausnahmen einer Regel, die es nicht gibt.

Fernando Pessoa (1888–1935)

Zum Reichtum Venedigs, einer westlichen Stadt mit orientalischem Einschlag, trugen Menschen
aus den unterschiedlichsten Gegenden der Welt bei, die im Laufe der Jahrhunderte in ihrem sozialen und kulturellen
Leben hier heimisch geworden sind. Italien

Verlange nicht, dass das, was geschieht, so geschieht, wie du es dir wünschst.

Wünsche dir vielmehr, dass es geschieht, so wie es geschieht, und du wirst glücklich sein.

Epiktet (50–125 oder 130)

Nachmittagsschwatz auf einem Dorfplatz in der Provence, Frankreich

Du kannst die Zukunft nicht voraussagen, aber du kannst sie erfinden.

Jean-Marie Pelt (geb. 1933)

Der Reichstag in Berlin, Sitz des deutschen Bundestags, ist ein hervorragendes Beispiel ökologischer Architektur.

Kein Wissen, wie groß es auch sein mag, kann die Fülle der Weisheit
ohne Selbsterkenntnis erreichen.

Bernhard von Clairvaux (1091–1153)

Während der Messe in der Kirche Panaghia Evanghelistria (Unserer lieben Frau der Verkündigung)
auf der Insel Tinos, Griechenland

Ἐπὶ σοὶ χαίρει

Εἰς ἦχον πλ. Δ´

Τὴν γὰρ σὴν μήτραν

Εἰς ἦχον δ´ τετράφωνον ἐκ τοῦ Κε

Das Geheimnis macht den Menschen.

Italo Calvino (1923–1985)

Die einjährige Pema, das Glück ihrer Eltern Emmanuelle und Julien, Frankreich

Alles ist eins, und das eine ist im anderen.

Blaise Pascal (1623–1662)

Marie Constance, die auf die Geburt von Calypso in etwa einem Monat wartet. Italien

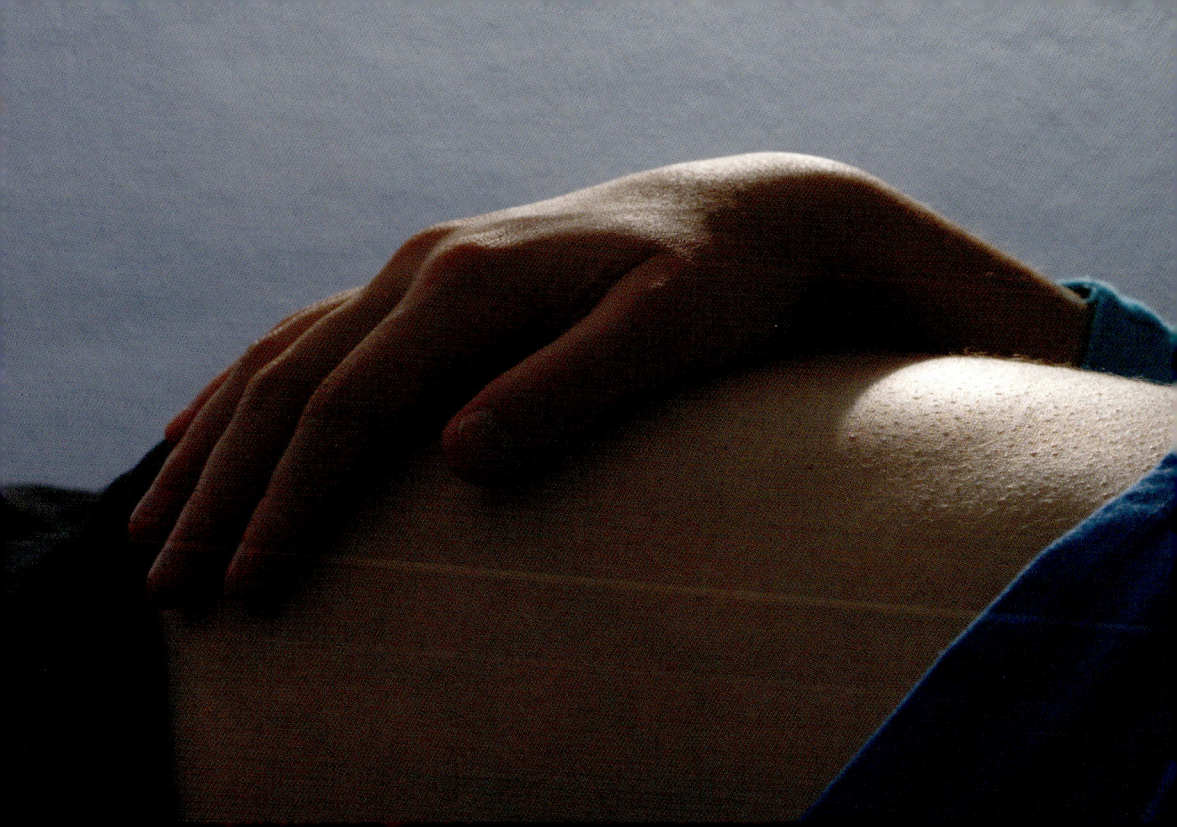

Lasst uns vor allem und insbesondere nicht mit dem Lichte geizen.

Jegliche Reinigung beginnt mit dem weiten Öffnen der Fenster.

Öffnen wir weit unsere Intelligenz, und lüften wir unsere Seele.

Victor Hugo (1802–1885)

Wohnhaus in Granada, einer Stadt, die im Laufe der Jahrhunderte von vielen Kulturen bereichert wurde. Spanien

Wir lernen die Alphabete und können doch keine Bäume lesen.

Die Eichen sind Romane, die Kiefern Grammatiken, die Weinstöcke Psalmen,

die Kletterpflanzen Sprichwörter, die Tannen Plädoyers, die Zypressen Anklagen,

der Rosmarin ist ein Lied und der Lorbeer eine Prophezeiung.

Erri de Luca (geb. 1950)

Die sienesische Hügellandschaft in der Toskana, wo man den Agrartourismus entwickelt hat für Menschen, die ein besseres Verhältnis zur Natur suchen. Italien

Schnell, schnell, ihr Denker. Lasst die Gattung Mensch atmen.

Vergießt die Hoffnung, vergießt das Ideal, und macht es gut.

Victor Hugo (1802–1885)

Aksel, ein junger Grönländer aus Maniitsoq

WER BIN ICH?

Die Welt ist nicht nur in alle Richtungen des Raumes unendlich,

sondern auch in ihren Wahrheiten.

René Barjavel (1911–1985)

Landmannalaugar, eine der spektakulärsten Gegenden Islands

Der Glaube an die Existenz anderer Menschen als solche ist Liebe.

Simone Weil (1909–1943)

Grönland ist seit 1979 autonomer Teil Dänemarks und verwaltet sich selbst.

Wir sind wie Zwerge, die auf den Schultern von Riesen sitzen, so dass wir mehr und entferntere Dinge sehen können, als es die letzteren taten. Und das tun wir nicht, weil unser Sehvermögen besser wäre oder unsere Größe vorteilhafter, sondern weil wir durch die große Statur der Riesen getragen und erhöht werden.

Bernhard von Chartres (um 1130–1160)

Im Museo dell'Opera del Duomo in Siena, in das man die farbigen Kirchenfenster der Kathedrale, ein Werk von Duccio di Buoninsegna (1255–1319), verlegt hat. Italien

Auch wenn du anders denken magst als ich, ich täte alles,
damit du es aussprechen darfst.

Anonym

Lavendel und Mohnblumen gehören zum Charme der Drôme Provençale. Frankreich

Ich bewundere, ja ich bin beeindruckt von der Größe der Kleinen.

Victor Hugo (1802–1885)

Die dreijährige Lili Leone trifft ihren vierjährigen Cousin Valdemar Christian
während der Ferien in Skagen im Norden Dänemarks.

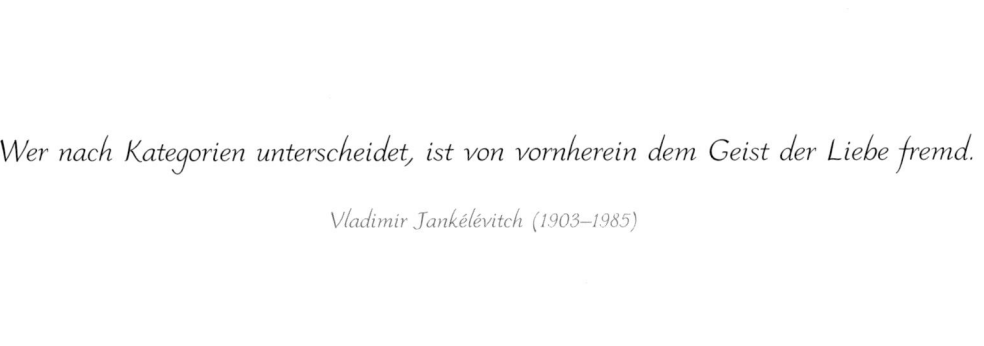

Wer nach Kategorien unterscheidet, ist von vornherein dem Geist der Liebe fremd.

Vladimir Jankélévitch (1903–1985)

Fribourger Voralpen in der Dämmerung, Schweiz

Nicht spotten, nicht klagen, nicht hassen, sondern verstehen.

Baruch Spinoza (1632–1677)

Das Dolomiten-Massiv, Sprachgrenze zwischen Deutsch und Italienisch, Italien

Tötet man einen Menschen, ist man ein Mörder.

Tötet man Millionen von Menschen, ist man ein Eroberer.

Tötet man alle, ist man ein Gott.

Jean Rostand (1894–1977)

Detail aus einem Werk von Pio Fedi (1816–1892) in der Loggia della Signoria in Florenz, Italien

Je nachdem, ob Sie es sind, der leidet, oder ich es bin,
verändert sich die Landschaft von Grund auf.

Vladimir Jankélévitch (1903–1985)

Sozoula, 17 Jahre, Studentin auf der Insel Patmos, Griechenland

Es gibt zweierlei Arten von Wahrheit:

kleine Wahrheiten und große Wahrheiten.

Das Gegenteil einer kleinen Wahrheit ist einfach falsch.

Das Gegenteil einer großen Wahrheit ist ebenfalls wahr.

Niels Bohr (1885–1962)

Auf dem Weg zum Gletscher Langjökull, im isländischen Hochland

Es ist erschreckend, wenn man bedenkt, dass diese Sache,

die wir in uns tragen, das Urteil, nicht die Gerechtigkeit ist. Das Urteil ist etwas

Relatives, die Gerechtigkeit das Absolute.

Bedenken Sie den Unterschied zwischen einem Richter und einem Gerechten.

Victor Hugo (1802–1885)

Die Abtei Mont-Saint-Michel, einst ein großes spirituelles und intellektuelles Zentrum des mittelalterlichen Abendlands,
wurde während der Französischen Revolution und in der Zeit des Empire zu einem Gefängnis umfunktioniert. Frankreich

»Ja« und »Nein« sind die kürzesten Wörter und sind am einfachsten auszusprechen; sie bedürfen aber der gründlichsten Überprüfung.

Charles Maurice de Talleyrand (1754–1838)

Standesamtliche Heirat im Rathaus von Evian, Frankreich

Einen Waldvogel verlangt es niemals nach einem Käfig.

Henrik Ibsen (1828–1906)

In Polen: Dieses Land hat keine natürlichen Grenzen und war dadurch Angriffen von außerhalb besonders ausgesetzt.

Zuerst sei frei, dann fordere die Freiheit.

Fernando Pessoa (1888–1935)

Türriegel einer Schäferei in einem Dorf in den französischen Alpen

Des Punktes Berg
besteige ohne Werk,
Vernünftigkeit!

Meister Eckhart (um 1260–1327)

Der Lac d'Annecy ist für seine Schönheit berühmt. Frankreich

Die authentische Freiheit des Menschen manifestiert sich,

wenn er fähig wird, sich selbst zu opfern.

Enzo Bianchi (geb. 1943)

Zum Schatz der Kathedrale von Monreale gehören drei Marmorgräber und ein Altar, der die sterblichen Überreste des heiligen Ludwig enthält, der in Tunis an der Pest verstarb. Italien

Die Menschen werden frei und gleich an Rechten geboren und bleiben es. Soziale Unterschiede dürfen nur im allgemeinen Nutzen begründet sein.

Erklärung der Menschen- und Bürgerrechte von 1783, Artikel 1

Bruder Nicolas fegt die Herbstblätter am Eingang zur Kartause La Valsainte in der Schweiz zusammen.

Das, was er tut, macht den Menschen aus!

André Malraux (1901–1976)

Die sienesische Hügellandschaft, die zahlreiche Künstler, Maler, Dichter,
Schriftsteller und Filmemacher inspiriert hat. Italien

Mut besteht nicht darin, einen schrecklichen Ausgang zu prophezeien,

sondern mit allem Wissen und Nichtwissen, das uns zur Verfügung steht, alles uns

Mögliche zu tun, um die Hoffnung bis zum letzten Atemzug aufrechtzuerhalten.

Jeanne Hersch (1910–2000)

Belen in Granada, Spanien

ICH BIN DAS BAND,
DAS ICH MIT ANDEREN KNÜPFE

Werden wir so leichtsinnig sein, so zu tun, als wären wir für die Übel der heutigen Welt nicht verantwortlich?

Alexander Solschenizyn (1918–2008)

Die zentrale Heizungseinheit im Kernkraftwerk Tricastin, Frankreich

Um effektiv gegen den Krieg, gegen das Übel anzukämpfen, muss man wissen,

wie man den Krieg verinnerlicht, um das Übel in sich selbst zu besiegen.

Man muss den härtesten Krieg führen, welcher der Krieg gegen sich selbst ist.

Athenagoras (1886–1972)

Manuel, 85 Jahre, liebt es, sich jeden Mittag auf dem Dorfplatz von Albuñuelas auszuruhen. Spanien

Die meisten Menschen rennen so eifrig zum Vergnügen hin, dass sie daran vorbeilaufen.

Søren Kierkegaard (1813–1855)

Jogger am Ufer des Lac d'Annecy, Frankreich

Die großen Gefahren lauern in unserem Innern.

Victor Hugo (1802–1885)

Das von Parasiten befallene Blatt eines alten Baumes auf dem Land, Frankreich

Je mehr die Menschen ihre außergewöhnliche Sensibilität, ihre unbegrenzten Talente und ihre große Vielfalt kennen, desto mehr sind sie in der Lage, ihren eigenen Wert sowie den der anderen zu schätzen.

Edward T. Hall (geb. 1914)

Die Ursprünge der mittelalterlichen Hauptstadt Maltas Mdina lassen sich 4000 Jahre zurückverfolgen.

Freiheit heißt Lieben. Wenn du nur aus Furcht Gutes tust, liebst du Gott nicht. Wenn du dich wie ein Sklave verhältst, liebst du nicht. Wenn du liebst, bist du frei. Statt die Strafe zu fürchten, liebe die Gerechtigkeit.

Augustinus (354–430)

Geteilte Freude während einer religiösen Prozession in der Osterwoche in Granada, Spanien

Die Freiheit eines Menschen ist ein Stückchen universeller Freiheit;
man kann nicht an der einen rühren,
ohne gleichzeitig die andere aufs Spiel zu setzen.

Victor Schoelcher (1804–1893)

In Roscoff in der Bretagne liegen Reusen für den Fischfang bereit. Frankreich

Liebe ist die Fortsetzung der Gerechtigkeit; Liebe ist der Wille zur Gerechtigkeit.
Kein soziales Gefüge ersetzt diesen guten Willen, diese Inspiration eines beredten und
sinnreichen Wohlwollens, das der einzige ausreichende Grund für Uneigennützigkeit,
die einzige dauerhafte Garantie für Frieden ist.

Vladimir Jankélévitch (1903–1985)

In Charmey werden beim Almabtrieb Bergbauern, Senner und Tiere, die nach einem Sommer harter Arbeit
vom Berg herabkommen, gewürdigt. Schweiz

Und ich sage Menschlichkeit hat ein Synonym: Gleichheit.

Victor Hugo (1802–1885)

Unausgesprochenes Einverständnis zwischen Alexandre und Juliette, die seit 14 Jahren
ein gemeinsames Leben führen. Schweiz

Vielleicht wäre die Welt ein wenig lebenswerter,

wenn wir wüssten, wie man die Worte, die hie und da umherirren,

vereinigen könnte.

José Saramago (geb. 1922)

Das Kunsthaus Tacheles im Herzen Berlins ist ein Symbol der Gegenkultur. Deutschland

Der beste Teil des Lebens eines guten Menschen sind seine kleinen, namenlosen, vergessenen Gesten der Güte und Liebe.

William Wordsworth (1770–1850)

Die einjährige Pema, das Glück ihrer Mutter Emmanuelle, Frankreich

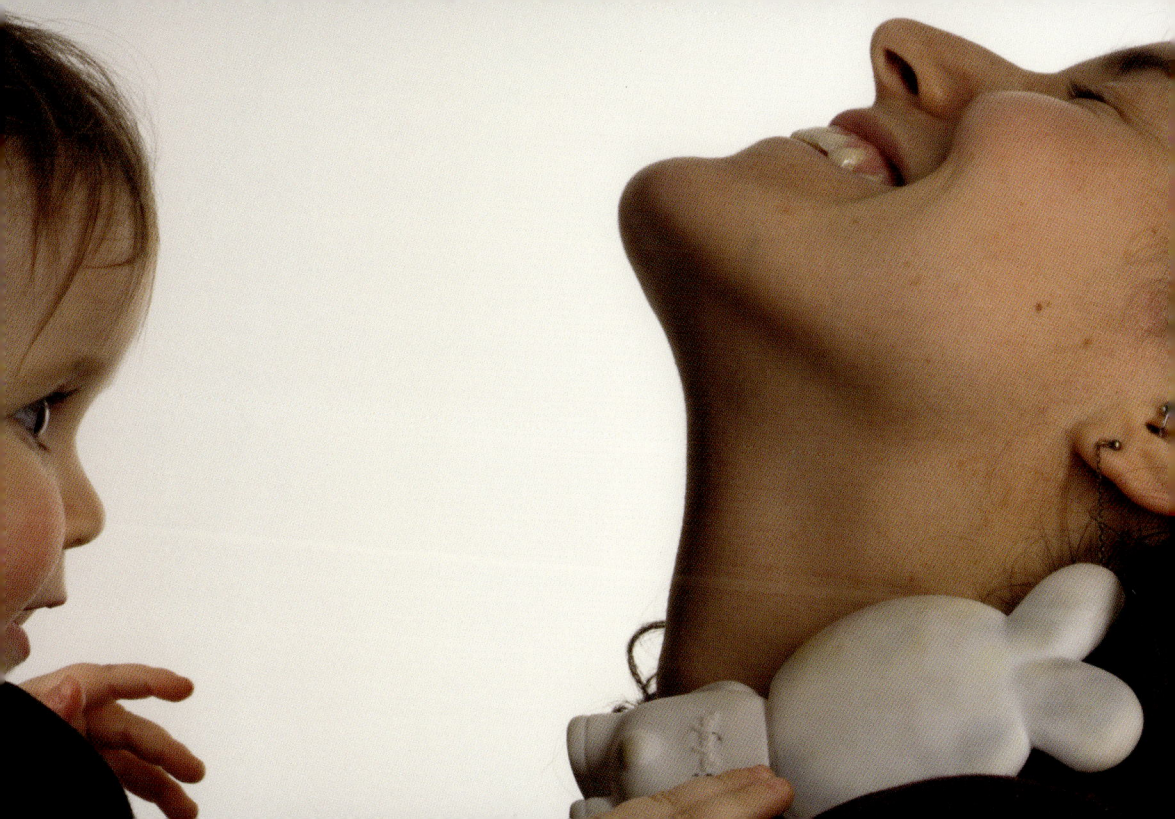

Es kommt darauf an, sich eingebunden zu wissen und sich verbunden zu fühlen,

möglicherweise durch die gleiche Geschichte.

Elie Wiesel (geb. 1928)

In Krakau während der Trauerfeier anlässlich des Todes von Papst Johannes Paul II., die vor mehr als einer Million Menschen abgehalten wurde. Polen

Es ist schöner, etwas zu erleuchten, als lediglich zu strahlen;
gleichermaßen ist es schöner, anderen das zu übermitteln,
was man aufmerksam betrachtet hat, als nur aufmerksam zu betrachten.

Thomas von Aquin (1225–1274)

Religiöse Prozession während der Karwoche in Granada, Spanien

So wie es Nationalstaaten gegeben hat, wird es nationale Beziehungen geben.
So wie es Grenzen gegeben hat, die trennen und unterscheiden, wird es Grenzen geben,
die unterscheiden und verbindend sind und die nur unterscheiden, um zu verbinden.

Édouard Glissant (1928–2011) und Patrick Chamoiseau (geb. 1953)

Die Weinberge im Burgund zur Zeit der Lese, Frankreich

Das Recht darauf, Rechte zu haben, oder das Recht eines jeden Individuums, der Menschheit anzugehören, müsste durch die Menschlichkeit selbst garantiert sein.

Hannah Arendt (1906–1975)

Prozession zu Ehren der Sara, der Schutzheiligen der Sinti und Roma, während einer Wallfahrt nach Saintes-Maries-de-la-Mer, Frankreich

Ich habe immer noch den Traum, dass man eines Tages jeden Menschen in diesem Lande und jeden farbigen Menschen in der ganzen Welt nicht nach seiner Hautfarbe, sondern nach seinem Charakter beurteilen wird.

Martin Luther King (1929–1968)

Houda, 21 Jahre, marokkanische Studentin an der HEC, einer der renommiertesten Wirtschaftshochschulen Frankreichs

Nichts ist so schön, wie anderen mit seinem Wissen und seiner Kraft zu dienen.

Sophokles (496–405 v. Chr.)

Benito, 72 Jahre, ist einer der letzten Schuster in Syrakus. Italien

Jeder muss sich für den unschuldig Unterdrückten einsetzen, andernfalls wird er seinerseits zum Opfer, wenn ein Stärkerer als er kommt, um ihn zu unterjochen.

Victor Schoelcher (1804–1893)

.

Vor Kurzem wurde das Betteln im historischen Stadtkern Venedigs verboten. Italien

Du leidest, weil du dich an niedere Besitztümer gebunden hast,

die vergehen, wenn ihre Zeit gekommen ist.

Guigo von Castel (1083–1136)

Überreste Pompejis, das im Jahre 79 n. Chr. bei einem Ausbruch des Vesuvs zerstört
und unter Lava und Asche begraben wurde. Italien

Wahnsinn ist, immer wieder das Gleiche zu tun, aber andere Ergebnisse zu erwarten.

Albert Einstein zugeschrieben (1879–1955)

Im Vogelpark in der Camargue überwintern zahlreiche Zugvögel. Frankreich

In der wirklichen Liebe ist es die Seele, die den Körper umhüllt.

Friedrich Nietzsche (1844–1900)

Am Strand während der Wallfahrt der Sinti und Roma in Saintes-Maries-de-la Mer, Frankreich

Man sollte immer auf geradestem Weg
vom Kopf zum Herzen gehen.

Yehudi Menuhin (1916–1999)

Bei der religiösen Prozession während der Karwoche in Jaén in Andalusien, Spanien

Die Philosophen haben die Welt nur verschieden interpretiert;
es kommt aber darauf an, sie zu verändern.

Karl Marx (1818–1883)

Wolkenkratzer in Villeurbanne, einer für den sogenannten Munizipalsozialismus typischen Wohnanlage, Frankreich

WOHIN GEHE ICH?

Die Liebe muss kostenlos um ihrer eigenen Süße willen

getrunken werden, wie ein überaus köstlicher Nektar.

Guigo von Castel (1083–1136)

Lasse Martinus, 13 Jahre alt, lebt in Skagen im Norden Dänemarks.

In dem Maße, in dem man sich selbst liebt, wird das Leben zu einem Freudengesang.

Schwester Emmanuelle (1908–2008)

Lavendelfeld kurz vor der Ernte im Regionalpark Lubéron, Frankreich

Die größte und einzige Angelegenheit, mit der man es zu tun haben sollte, ist, glücklich zu sein.

Voltaire (1694–1778)

Im Vergnügungspark von Farup in Nordjütland, Dänemark

Das größte Geheimnis des Glücks besteht darin, mit sich selbst im Reinen zu sein.

Bernard Le Bovier de Fontenelle (1657–1757)

Hallstatt mit seinen für die Alpen typischen Wohnhäusern, Österreich

Gott, das ist das unbegreifbare Fraglose.

Victor Hugo (1802–1885)

Um die Felsnadeln Reynisdrangar im Nordatlantik vor Island ranken sich geheimnisvolle Legenden.

Glauben Sie, um stark zu sein. Lieben Sie, um glücklich zu sein.

Victor Hugo (1802–1885)

In Charmey beim Almabtrieb, Schweiz.

Schönheit ist lediglich die Verheißung des Glücks.

Stendhal (1783–1842)

Feldblumen und Lavendel kurz vor der Ernte im Regionalpark Lubéron, Frankreich

Gott, das ist ein Wort mit vier Buchstaben. Welche Bedeutung hat es schon, ob man ein Wort benutzt oder nicht. Man muss in Gott leben, ob man nun zu ihm betet oder nicht.

Schwester Emmanuelle (1908–2008)

Kapelle im Tal von Beaufortain, Frankreich

Wenn ich mich von dir unterscheide, bin ich weit davon entfernt,
dich zu verletzen — ich erhöhe dich.

Antoine de Saint-Exupéry (1900–1944)

Zirkusplakat auf Korsika, Frankreich

Herr, mach mich zum Werkzeug Deines Friedens!
Wo Hass herrscht, lass mich Liebe bringen,
Wo Kränkung herrscht, lass mich Vergebung bringen,
Wo Zwietracht herrscht, lass mich Versöhnung bringen…
Wo Traurigkeit herrscht, lass mich Freude bringen.
O, Herr, lass mich immer mehr danach verlangen,
Andere zu trösten, als selbst getröstet zu werden,
Andere zu verstehen, als selbst verstanden zu werden.

Franz von Assisi zugeschrieben

Die Kirche von Frauenberg in der schönen und friedlichen Steiermark, Österreich

Ein Wesen zu lieben heißt, einfach anzuerkennen, dass es genauso existiert wie Sie.

Simone Weil (1909–1943)

Aksel, ein junger Grönländer aus Maniitsoq

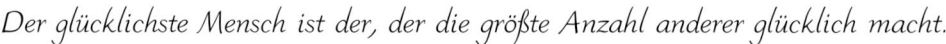

Der glücklichste Mensch ist der, der die größte Anzahl anderer glücklich macht.

Denis Diderot (1713–1784)

Ermoupolis, die wichtigste Stadt auf der Kykladen-Insel Syros, Griechenland

Macht ist Beziehung. Das bedeutet, alle Macht befindet sich auf der Seite des Lebens, der Fülle und der Schönheit. Das bedeutet auch, dass alle Schönheit Beziehung ist.

Édouard Glissant (1928–2011) und Patrick Chamoiseau (geb. 1953)

Hosanna und ihre Mutter Deborah in Saintes-Maries-de-la-Mer, Frankreich

Was ist herrlicher als Gold… Das Licht… Was ist erquicklicher als das Licht?…
Das Gespräch.

Johann Wolfgang Goethe (1749–1832)

Sonnenblumenfeld im Departement Drôme Provençale, Frankreich

Lass dein Herz sprechen, befrage die Gesichter, höre nicht auf die Rede ...

Umberto Eco (geb. 1932)

Die Dänin Gitte, 27 Jahre, ist Mitglied mehrerer nichtstaatlicher Organisationen, die sich weltweit für das Recht auf Bildung sowie für das Gleichgewicht von Nord und Süd einsetzen.

Ein jegliches Ding auf der Welt birgt seine Antwort in sich.
Was zu finden Zeit braucht, sind die Fragen.

José Saramago (geb. 1922)

Die kleine Pema, deren tibetischer Name »Lotos« bedeutet und als Symbol für spirituelle Entfaltung steht. Frankreich

Irren ist menschlich.

Sophokles (496–405 v. Chr.)

Im kleinen Fischereihafen von Noussa auf der Kykladen-Insel Paros, Griechenland

Stille bewahren, welch seltsamer Ausdruck!
Es ist die Stille, die uns bewahrt.

Georges Bernanos (1888–1948)

Loch Kishorn im Nordwesten des überwältigenden schottischen Hochlands, Großbritannien

Das was durch die Liebe vollendet wird, geschieht immer jenseits von Gut und Böse.

Friedrich Nietzsche (1844–1900)

Landmannalaugar, ein Paradies für Wanderer, ist eine der beeindruckendsten Gegenden Islands.

GEHE IMMER WEITER

Mögen wir wir selbst und ganz und gar Liebe sein, Bewegung der Liebe,
liebevolle Absicht, Liebesakt.

Vladimir Jankélévitch (1903–1985)

Alexandre und Juliette, vierzehn Jahre Leidenschaft und gemeinsames Leben, Schweiz

Damit es Leben gibt, braucht es liebendes Verlangen.

Balthus (1908–2001)

Der Charme des Dorfes Pérouges in Frankreich

Um zu lieben, braucht man die Freiheit des Körpers,
die Freiheit des Herzens und die Freiheit des Geistes.

Schwester Emmanuelle (1908–2008)

Detail aus einem Werk von Giambologna (1529–1608) in der Loggia della Signoria in Florenz, Italien

Es gibt nichts Schwierigeres, als einander zu lieben. Das ist wahre Arbeit, die man immer wieder aufs Neue beginnen muss. Die Jungen sind im Übrigen überhaupt nicht auf diese Schwierigkeit der Liebe vorbereitet. Die Konventionen haben versucht, aus dieser extremen und komplexen Beziehung ein leichtes und lockeres Verhältnis zu machen, sie haben ihr den Anschein einer Sache verliehen, die in jedermanns Reichweite liegt. Doch dem ist nicht so. Die Liebe ist eine schwierige Angelegenheit.

Rainer Maria Rilke (1875–1926)

Der Zauber eines alten Apfelbaumes auf dem Land im Winter, Frankreich

In der Freundschaft, von der ich spreche, vermischen sich und verschmelzen [die Seelen] des einen und anderen auf eine so universale Weise, dass sie die Nahtstellen auslöschen und man nicht mehr die sie verbindenden Nähte wiederfindet. Wenn man mich drängt, zu sagen, weshalb ich ihn geliebt habe, spüre ich, dass es sich nicht anders ausdrücken lässt als mit den Worten: Weil er es war, weil ich es war.

Michel de Montaigne (1533–1592)

Im Nærøfjord, einem der beeindruckendsten Fjorde Norwegens

Ein einziges Wesen fehlt ihnen, und alles ist entvölkert.

Alphonse de Lamartine (1790–1869)

Der menschenleere Europapark in Annecy nach einem Schneefall, Frankreich

Sie suchen einen Sinn in Ihrem Leben?
Fragen Sie sich, wen und wie Sie lieben können.

Schwester Emmanuelle (1908–2008)

Simone und Marie Constance, 21 Jahre, Italien

Seit sechs Millionen Jahren gefällt der Krieg den streitsüchtigen Völkern.
Und Gott verschwendet seine Zeit damit, Sterne und Blumen zu machen.

Victor Hugo (1802–1885)

Frühling in der Provence, Frankreich

Es ist an uns, in diesen Zeichen der sichtbaren Schönheit

eine noch größere Schönheit sehen zu lernen, die unsichtbare Schönheit,

die Schönheit, die sich in alle Ewigkeit manifestieren wird.

Schwester Emmanuelle (1908–2008)

Grace, eine zwanzigjährige Amerikanerin während ihres Urlaubs in Venedig, ähnelt der »Venus« von Botticelli. Italien

Das Meer, die Erde mit dem Himmel, das Feuer, der Wind,
Die ewige Welt, in der wir leben,
Die Sterne so fern, die uns beinahe anflehen,
Die beinahe eine Hand sind, die die Augen streichelt.

Vicente Aleixandre (1898–1984)

Herbstzauber auf dem Land, Frankreich

Schönheit wird die Welt retten.

Fjodor Dostojewski (1821–1881)

Die sienesische Hügellandschaft in der Toskana, Italien

Wir Zigeuner sind die Prinzen der schmutzigen Straßen … Unser ganzer Reichtum besteht darin, das Elend in Schönheit zu verwandeln.

Jean-Marie Kerwich (geb. 1952)

Am Strand während der Wallfahrt der Sinti und Roma in Saintes-Maries-de-la-Mer, Frankreich

Alles, was schön ist, ist so schwierig wie es selten ist.

Baruch de Spinoza (1632–1677)

Die größte Klosterbibliothek der Welt in der Benediktinerabtei von Admont, gegründet 1074, beherbergt kostbare und seltene Bücher. Österreich

Wir sind niemals zu Hause, wir sind immer darüber hinaus.
Die Angst, das Verlangen, die Hoffnung treiben uns der Zukunft entgegen.

Michel de Montaigne (1533–1592)

Im Hafen von Risor im Süden Norwegens

Ihr sollt nicht wähnen, dass ich gekommen bin, das Gesetz oder die Propheten aufzulösen, ich bin nicht gekommen aufzulösen, sondern zu erfüllen.

Matthäusevangelium, 5,17

Der Zauber der Landschaft in der Drôme Provençale, Frankreich

Hier mein Geheimnis. Es ist ganz einfach: Man sieht nur mit dem Herzen gut.
Das Wesentliche ist für die Augen unsichtbar.

Antoine de Saint-Exupéry (1900–1944)

Während einer religiösen Prozession in der Karwoche in Granada, Spanien

Wenn ich manchmal das Gefühl habe, meine Zeit sei unausgefüllt,
dann denke ich an jene, die gleichzeitig in vielen Teilen der Welt abläuft und die sich
nahe an der meinen ereignet: Da sind die Bäume, die Pollen verstreuen, Frauen,
die eine Sperrung des Wassers erwarten, ein Junge, der einen Vers von Dante studiert,
tausend Pausengongs, die in allen Schulen der Welt erklingen, Wein, der beim
Abstich fermentiert, all diese Dinge, die gleichzeitig geschehen und die, indem sie ihre
Zeit mit der meinen verknüpfen, ihr Fülle verleihen.

Erri de Luca (geb. 1950)

Frühling in der Schlucht von Albuñuelas in Andalusien, Spanien

Denken ist die Arbeit des Intellekts, Träumen sein Vergnügen.

Victor Hugo (1802–1885)

Frühlingszauber im Garten der Alhambra in Granada, Spanien

Würden die Pforten der Wahrnehmung geläutert,
so würde dem Menschen alles erscheinen, wie es ist: unendlich.

William Blake (1757–1827)

Die Bucht von Geranos auf der Insel Patmos, Griechenland

Wie kann man Gewissheit erlangen?

Ilya Prigogine (1917–2003)

Religiöse Prozession während der Osterwoche in Granada, Spanien

HOFFNUNGEN

Nur das Weitergehen mit den anderen ist von Bedeutung.

Marceline Loridan-Ivens (geb. 1928)

Landmannalaugar ist eine der beeindruckendsten Gegenden Islands und ein Paradies für Wanderer.

Zwei mal zwei ist fünf und manchmal eine reizende Sache.

Fjodor Dostojewski (1821–1881)

Lou, dreieinhalb Jahre alt, auf ihrer ersten großen Reise nach Paris, Frankreich

Doch liebe ich ein gewisses Licht, eine gewisse Stimme, einen gewissen Geruch, eine gewisse Speise, eine gewisse Umarmung, wenn ich meinen Gott liebe, das Licht, die Stimme, den Geruch, die Speise, die Umarmung meines inneren Menschen.

Augustinus (354–430)

Bodenmosaik in der Kirche Santa Maria del Fiore, der Kathedrale von Florenz, Italien

Die Entfaltung der Seele besteht nicht darin,
viel zu denken, sondern viel zu lieben.

Theresa von Avila (1515–1582)

Nieves in Granada, Spanien

Der Schatz des Lebens und der Menschheit ist die Vielfalt.

Edgar Morin (geb. 1921)

Farbenpracht des Herbstwaldes im Gruyère, Schweiz

Wer ist denn mein Nächster?

Lukasevangelium, 10,29

»Getrennt von allen, sind wir eins mit allen, damit wir stellvertretend für alle vor dem lebendigen Gott stehen.«
Statut 34,2 des Kartäuserordens. Vater Alois in der Kartause von La Valsainte in der Schweiz

Man muss das Leben predigen, nicht den Tod; Hoffnung verbreiten und nicht Furcht;
und gemeinsam die Freude, den wahren Schatz der Menschen, pflegen.
Das ist das große Geheimnis der Weisen, und es wird das Licht von Morgen sein.

Alain (1868–1951)

Eine Großmutter genießt mit ihrem Enkelkind die Fahrt auf einem Karussell in Florenz. Italien

Auf zu den Dingen an sich!

Edmund Husserl (1859–1938)

Die einjährige Pema in einem Augenblick unergründlicher Stille, Frankreich

Freund, es ist auch genug.
Im Fall du mehr willst lesen, So geh und werde selbst
die Schrift und selbst das Wesen.

Angelus Silesius (1624–1677)

Auf der Piazza Navona in Rom, die für ihre Porträtkünstler und ihr lebhaftes Treiben berühmt ist. Italien

Bibliografie

Alain, *Propos sur le bonheur*, © Gallimard, 1928.

Aleixandre, Vicente, *Anthologie bilingue de la poésie espagnole* © Gallimard, »Bibliothèque de la Pléiade«, 1995.

Angelus Silesius, *L'Errant chérubinique*, © Arfuyen, 1993.

Arendt, Hannah, *Über die Revolution*, © Piper Verlag, 2000.

Athenagoras I., in Olivier Clément, *Dialogues avec le patriarche Athénagoras*, © Librairie Arthème Fayard

Augustinus, *Vom Gottesstaat*, © dtv, 2007.

Bekenntnisse, © Reclam 1989.

Balthus, in *Le Figaro*, 29.2.1996.

Barjavel, René, *La Faim du tigre*, © Denoël, 1966.

Bernanos, Georges, *La France contre les robots*, © Robert Laffont, 1947.

Bernard von Chartres, in Jean de Salisbury, *Metalogicon*, III, © Brepols, 1991.

Bernard von Clairvaux, *Œuvres complètes de Saint Bernard*, Éditions Louis de Vives, 1865–1868.

Bianchi, Enzo, *Les Mots de la vie intérieure*, © Éditions du Cerf, 2001.

Bibel, *Neues Testament*, © Herder, 1999.

Blake, William, *Œuvres III, Le Mariage du ciel et de l'enfer*, © Flammarion, 1980.

Bohr, Niels, *On Becoming a Leader*, © Addison-Wesley Pub. CO, 1990.

Calvino, Italo, *Aventures*, © Éditions du Seuil, 1998.

Conrad, Joseph, »Souvenirs personnels«, in *Œuvres complètes, t. III*, © Gallimard, »Bibliothèque de la Pléiade«, 1987.

Déclaration des droits de l'homme et du citoyen (1789).

De Luca, Erri, *Trois chevaux*, © Gallimard, 2001.

Descartes, René, »Discours de la méthode«, in *Œuvres philosophiques I*, © Classiques Garnier, Bordas, 1988.

Diderot, Denis, »Entretiens sur le fils naturel«, in *Oeuvres complètes, t. VI*, Paris, A. Belin, 1819.

Dostojewski, Fjodor, *Der Idiot*, © dtv, 1999.

Aufzeichnungen aus dem Kellerloch, © Fischer, 2006.

Eckhart, Meister, *Le Grain de Sénevé*, © Arfuyen, 2004.

Eco, Umberto, in *Le Point*, 15.2.2002.

Edda, Sammlung altnordischer Dichtungen, aus dem Altisländischen übersetzt von F.-G. Dillmann, © Gallimard, 1991.

Einstein, Albert, *Mein Weltbild*, © Ullstein, 2005.

Emmanuelle (Schwester), *Vivre, à quoi ça sert?*, © Flammarion, 2004.

Mon testament spirituel, © Presses de la Renaissance, 2008.

Epiktet, *Manuel*, © Hachette, 1889.

Favier, Jean, *De l'or et des épices*, © Librairie Arthème Fayard, 1987.

Fontenelle, *Du bonheur*, © F. Cocheris et fils, 1806.

Franz von Assisi, »Prière de la Paix«, gewidmet.

Glissant, Edouard et Chamoiseau, Patrick, *L'Intraitable Beauté du monde. Adresse à Barack Obama*, © Éditions Galaade, 2009.

Goethe, Johann Wolfgang von, *Unterhaltung deutscher Ausgewanderten*, © Reclam, 1991.

Gourmont, Remy de, *Une nuit au Luxembourg*, © Mercure de France, 1912.

Guigo von Castel, *Les Méditations*, © Éditions du Cerf, 2001.

Hall Edward T., *La Danse de la vie*, © Éditions du Seuil, 1984.

Hersch, Jeanne, *L'Étonnement philosophique*, © Gallimard, Folio, 1993.

Hölderlin, Friedrich, *Gesammelte Werke*, © Fischer, 2008.

Hugo, Victor, *William Shakespeare*, Paris, Librairie Internationale, 1867.

Anthologie de citations du bicentenaire © Stricto Senso, 2002.

Husserl, Edmund, Motto: 9. Dezember.

Ibsen, Henrik, »The Master builder«, in *Four major plays*, © Editions Oxford University Press, 1998.

Jankélévitch, Vladimir, *Les Vertus et l'Amour I*, © Flammarion 1986.

Les Vertus et l'Amour II, © Flammarion 1986.

Kant, Immanuel, »Was ist Aufklärung« in *Werkausgabe*, © Suhrkamp Verlag, 2004.

»Kritik der praktischen Vernunft« in *Werkausgabe*, © Suhrkamp Verlag, 2004.

Kerwich, Jean-Marie, in *La Vie*, n°3294, 16.–22.10.2008.

Kierkegaard, Sören, *Samlede vaerker*, © Gyldendal, 1962.

Kundera, Milan, *La vie est ailleurs*, © Gallimard, 1973.

Lamartine, Alphonse de, *Méditations poétiques*, Librairie Charles de Gosselin, 1823.

Loridan-Ivens, Marceline, *La Vie*, n°3302, 11.–17.12.2008.

Luther King, Martin, »I have a dream«, © I have a dream, 1963.

Malraux, André, »Les Noyers de l'Altenburg«, in *Œuvres complètes*, t. II, © Gallimard, »Bibliothèque de la Pléiade«, 1996.

Marx, Karl, *Die deutsche Ideologie*, © Dietz Verlag, 1960.

Méléagre de Gadara, in *Anthologie grecque*, t. V, © Belles Lettres, 1941.

Menuhin, Yehudi, *Courrier de l'Unesco*, Nov. 1995.

Montaigne, Michel de, *Essais*, © PUF, 1965.

Morin, Edgard, *Vers l'abîme?*, © Éditions de l'Herne, 2007.

Nietzsche, Friedrich, *Also sprach Zarathustra*, © Reclam, 1986.

Jenseits von Gut und Böse, © Reclam, 1988.

Pascal, in *Sœur Emmanuelle, Vivre, à quoi ça sert?*, © Flammarion, 2004.

Paul VI. »Encyclique Populorum progression«, in *La Vie*, n° 3284, 7.–20.8.2008.

Péguy, Charles, »Pensées« in *Oeuvres en prose complètes*, t. I, © Gallimard, »Bibliothèque de la Pléiade«, 1986.

Pelt, Jean-Marie et Yannick Monget, *Demain la terre*, © Éditions de La Martinière, 2006.

Pessoa, Fernando, *En bref*, © Christian Bourgois Éditeurs, 2004.

Plotin, *Ennéades*, © Les Belles Lettres, 1991.

Prigogine, Ilya, *La Fin des certitudes*, © Odile Jacob, 2001.

Rabelais, François, »Pantagruel«, in *Œuvres complètes*, © Éditions du Seuil, 1973.

Ricœur, Paul, *Vivant jusqu'à la mort, suivi de Fragments*, © Éditions du Seuil, 2007.

Rilke, Rainer Maria, in Enzo Bianchi, *Les Mots de la vie intérieure*, © Éditions du Cerf, 2001.

Rostand, Jean, *Pensées d'un biologiste*, © J'ai Lu, 1973.

Saint-Exupéry, Antoine, »Lettre à un otage«, in *Œuvres*, © Gallimard, »Bibliothèque de la Pléiade«, 1959. »Le Petit Prince«, in *Œuvres*, © Gallimard, »Bibliothèque de la Pléiade«, 1959.

Saramago, José, *Die Stadt der Sehenden*, © Rowohlt, 2006. *Das Memorial*, © rororo, 1997.

Schoelcher, Victor, in »Valérie Dupuy«, *Les Mots pour combattre le racisme*, © Milan, 2007.

Serres, Michel, *Le Tiers-Instruit*, © François Bourin, 1991.

Shakespeare, William, »Hamlet«, in *Œuvres complètes*, © Gallimard, »Bibliothèque de la Pléiade«, 1959.

Sokrates, Inschrift über dem Tor zum Tempel in Delphi.

Solschenizyn, Alexander, Rede zur Verleihung des Nobelpreises,
www.nobelprize.org

Sophokles, »König Ödipus«, in *Antigone / König Ödipus*, © Fischer 2008.
»Antigone«, ebd.

Spinoza, Baruch de, *Traité politique*, © Garnier-Flammarion, 1966.
»Éthique«, in *Œuvres de Spinoza*, Paris, Charpentier, 1842.

Stendhal, *De l'Amour*, © Gallimard, 1992.

Talleyrand, *Mémoires apocryphes*, Le Figaro, 1891.

Theresa von Ávila, *Œuvres complètes*, © Éditions du Cerf, 1995.

Thomas von Aquin, *Somme théologique*, © Éditions du Cerf, 1985.

Vergil, *Aeneis*, © Reclam, 1986.

Voltaire, *Lettres inédites*, zusammengestellt von M. de Cayrol, Didier und Cie, 1857.

Weil, Simone, *La Pesanteur et la Grâce*, © Plon, 1988.
La Connaissance surnaturelle, © Gallimard, 1950.

Wiesel, Elie, in »Les textes fondamentaux de la pensée juive«, Le Point,
Sonderausgabe, n°16.

Wordsworth, William, *Poems*, © New York, C.S. Francis & Co., 1855.

Autorenverzeichnis

WEISHEIT DER WELT

Olivier Föllmi ist Fotograf. Er hat romanisch-germanische Vorfahren und wurde 1958 geboren. Zusammen mit seiner Frau Danielle und seinen vier Kindern tibetischer Herkunft lebt er teilweise in den Alpen und teilweise im Himalaya. Im Alter von 18 Jahren hat er seine Leidenschaft für den Himalaya entdeckt. Seit fünfundzwanzig Jahren fotografiert er den Himalaya. Seine mit angesehenen Preisen, unter anderem dem Worl-Press-Photo-Preis, ausgezeichneten Fotos werden weltweit von der Agentur Rapho vertrieben. Seit 2003 bereist er die Welt und versucht zusammen mit seinen Assistenten, im Rahmen des Projekts *Weisheit der Menschheit* die Seelen der verschiedenen Völker fotografisch einzufangen. Seine dabei entstehenden Aufnahmen zeigt er in weltweit erfolgreichen Publikationen wie *Life*, *Geo*, *National Geographic*, *Stern* und in Austellungen.

Danielle Pons Föllmi ist Medizinerin. Sie stammt aus Lateinamerika, wo sie einen Teil ihres Lebens verbracht hat. In Asien adoptierte sie ihre Kinder, in Europa arbeitet sie. Sie spricht sechs Sprachen. Schon früh interessierte sie sich für den Austausch der Kulturen. Ihre Offenheit und Welterfahrung erleichterten ihr die Zusammenarbeit mit Wissenschaftlern und Forschungsgemeinschaften im Projekt *Weisheit der Menschheit*. Auf den mit ihrem Ehemann unternommenen Reisen konzentriert sie sich vor allem auf die Entdeckung der unterschiedlichen Denkweisen der Menschen und ihrer Literatur.

In der Hoffnung, Tradition und Entwicklung miteinander in Einklang zu bringen, gründete das Paar HOPE, eine Organisation zur Förderung der Erziehung im Himalaya.

Dieser Band basiert auf der Publikation »Die Weisheit des Abendlands – Tag für Tag«,
die 2009 im Knesebeck Verlag erschien.

Die von Danielle und Olivier Föllmi konzipierte Reihe »Weisheit der Welt – Tag für Tag« umfasst die im Folgenden
aufgezählten sieben Bände, die zwischen 2003 und 2009 erschienen.

Für die vorliegende Publikation wurden diese zusammengefasst und überarbeitet:

- *Die Weisheit des Buddhismus Tag für Tag*
- *Die Weisheit Indiens Tag für Tag*
- *Die Weisheit Afrikas Tag für Tag*
- *Die Weisheit Lateinamerikas Tag für Tag*
- *Die Weisheit Asiens Tag für Tag*
- *Die Weisheit des Orients Tag für Tag*
- *Die Weisheit des Abendlandes Tag für Tag*

Titel der Originalausgabe: Sagesses de l'humanité. Espoirs.
130 clés de la pensée occidentale
Erschienen bei Éditions de La Martinière, Paris, 2010
Copyright © 2010 Éditions de la Martinière

Deutsche Erstausgabe
Copyright © 2011 von dem Knesebeck GmbH & Co. Verlag KG,
München
Ein Unternehmen der La Martinière Groupe

Umschlaggestaltung: Leonore Höfer, Knesebeck Verlag
Satz: satz & repro Grieb, München
Herstellung: VerlagsService Dr. Helmut Neuberger & Karl Schaumann
GmbH, Heimstetten
Druck: TOPPAN, Leefung
Printed in Singapore

ISBN: 978-3-86873-375-4

www.knesebeck-verlag.de

Das Projekt *Die Weisheit der Menschheit*

konnte dank der Großzügigkeit eines anonymen Spenders sowie mit Hilfe von Lotus und Yves Mathé ins Leben gerufen werden.

Diese Projekt steht unter der Schirmherrschaft von

sous le patronage de la commission Suisse pour l'Unesco

Das Werk wäre nicht ohne die tatkräftige Unterstützung der zahlreichen Mitwirkenden entstanden: den Wissenschaftlern und Autoren, die die mündlich überlieferten Weisheiten und Sprüche über sieben Jahre hinweg gesammelt haben.

Weiter bedanken wir uns bei allen Griots, Weisen, Dorfoberhäuptern und großen Eingeweihten, die uns mit viel Enthusiasmus spontan und großzügig an ihrem Wissen haben teilhaben lassen.